狭い部屋で
スッキリ心地よく暮らす

\ 1Rひとり暮らしから、2LDK4人暮らしまで。/
人気インスタグラマー25人

はじめに

家が狭い。収納も狭い。なかなか片づかない…。

「狭い」悩みは、多くの方に共通することではないかと思います。

「もっと広い家だったら、スッキリ暮らせるのに」
そう思ってもしまいます。

しかし、狭さをものともせず、むしろ楽しみ、活かしながら暮らしている方々がたくさんいました。

1Rひとり暮らしから、2LDK子どもを含めた4人暮らしまで。
人気インスタグラマー25人。

壁や家電側面、扉裏に収納場所をつくったり。
グッズの力で収納力をアップしたり。
備えつけのタオルバーを棚代わりに使ったり…。
スペースを隅々まで使い尽くしています。

その工夫は、まさに無限大。

限られた空間で、心地よく暮らすために。
様々なアイデアをご一緒に見てまいりましょう！

すばる舎 編集部

はじめに —— 3

第1章 「小さな暮らし」を楽しむ5人の部屋づくり

shoko (meleluckta) ひとり暮らし、1K

ミニマリストを目指し、物の持ち方を日々見直して

1Kを最大限広く使うため家具は最小限に／鞄やポーチの中も把握できる量にとどめて／即買いしない。時間をかけて本当にほしいか吟味

—— 10

naa9290 ひとり暮らし、1K

仕事から帰ってきてホッと癒される空間に

グレーを基調に、抑えた色味の空間／家具は置く。でもサイズ感にはこだわって／ひとり暮らしをとことん満喫

—— 14

da.monde.dara ひとり暮らし、1K

狭い部屋ならではの"秘密基地"感を楽しむ

好きな色ばかりだからカラフルでも統一感が／ベッドは特別な空間／お気に入りの椅子がいくつもある暮らし

—— 18

miisat.s 2人暮らし、1LDK

北欧系のナチュラルな空間づくりを目指して

あちこちにお気に入りのポイントをつくって／こだわりの道具は、あえて持つ／季節を「小さく」楽しむ

—— 22

ayumi__201 4人暮らし、2LDK

8回の引っ越し経験から辿り着いた「持たない」暮らし

日々、断捨離を実行。管理できるだけの物を／子どもがゆったり遊べる工夫／「白」をメインにする

—— 26

第2章 これ1つでスッキリ！ みんな使ってる定番10アイテム

籐風ボックス

「見せる」収納に最適。置くだけでインテリアのポイントに

インテリアになじむ／同じ大きさ高さで並べて使う

in the same category

籐風バスケット

シンプルなワイヤーがスタイリッシュ。中が見えるから管理がラク

——— 32

——— 34

ワイヤーバスケット

衣類やタオル入れとして／濡れても OK。水まわりでも活躍

in the same category

吊り下げワイヤーバスケット

書類入れだけではない。幅広い使い方ができる

——— 35

——— 37

ファイルボックス

書類、ファイル入れとして／キッチンで調理グッズを整理／ランドリーでストックやハンガー入れに

——— 38

ほかにもこんな使い方が

メイクボックス

化粧品から洗剤のボトルまで。取っ手があるので持ち運びに便利

メイク入れとして。BOX in BOX が基本／高さやサイズで使い分けて

——— 41

整理トレー

引き出し内の小物の仕分けに最適

日用品／アクセサリー／カトラリー／調理用具／文房具

——— 44

S字フック

「引っ掛ける」ところさえあれば簡単に収納場所をつくれる

バッグを1つずつ吊るす／キッチンで／バスルームで／

——— 46

第3章 リビングから玄関まで。すぐ真似したい整理収納の工夫

吸盤、マグネット、シールフック — 50

ないときに活躍

「引っ掛ける」ところが

吸盤タイプ／マグネットタイプ／シールタイプ

column 鋲つきタイプのフック — 53

壁につける棚 — 54

壁に取りつけて
スペースをフル活用

リビング、ダイニングで／キッチンで／枕元で

in the same category **ワイヤークリップ** — 49

ほかにもこんな使い方が

ワイヤーネット — 60

薄い格子状の収納

縦にも横にも使える

リビングやキッチンで

壁と壁の間、天井と床の間。
固定して物を掛けたり置いたり

洗面所、ランドリーで／子ども部屋で／玄関で

つっぱり棒 — 62

洋服やバッグを掛けて／引き出し内の仕切りに／
のれんとして／数本使いで棚代わりに／
ハンガー掛けとして／つっぱり棚

キッチン — 68

壁、家電側面、扉裏まで収納に

狭いキッチンでも広々と

シンク周りは白、物を置かない／
水切りカゴの選び方／食器棚の収納の工夫／
食器は入るぶんだけ／
コンロ周りに調理器具を集結／

シンク下収納／鍋蓋収納／
調味料は詰め替えてラベルをつけて／
詰め替えせずにスッキリ収納／お米の保存方法／
ペーパーや布巾の収納／ラップやゴミ袋の収納／
保存袋、保存容器の収納／
シェルフをプラスして収納力アップ／
冷蔵庫の収納方法

[column] つくりおきに欠かせない保存容器の話 ……… 87

ダイニングスペース
小さくてもテーブルを置けたら… ……… 88
ダイニングテーブルの置き方／
それぞれの家ごはん（朝ごはん、お弁当、つくりおき）

リビング
床には物を置かないで広々と ……… 92
ソファのあるリビング／ソファがないリビング／

ごく小さい空間でもくつろげるリビングに ……… 95
（chiiikoko57 ひとり暮らし、1K）

アラジンのストーブがアクセント ……… 96
（sawa_dan ひとり暮らし、2DK）

テレビもない部屋だから自由に過ごせる ……… 97
（minimamist_58 ひとり暮らし、1R）

スタッキングシェルフで模様替え ……… 98
（saori.612 2人暮らし、2DK）

and more! 書斎スペース ……… 101
テレビボードいろいろ／テレビボード内の収納

ベッドスペース
リビングの一角でも溶け込んで ……… 102
ベッド、マットレス派／ふとん派／
掛け布団、マットを干す／ベッド下収納／
寝具の夏冬支度

[column] 季節に合った敷きパッドの選び方 ……… 107

クローゼット
吊るしてそろえて隅々まで使い切る ……… 108
洋服収納の5ポイント／取り出しやすく、しまいやすい工夫／
ハンガーラックを使って／書類や日用品の収納／
細々した物をスッキリまとめるコツ

and more! フェローズのバンカーズボックス ……… 115

ランドリー

洗濯機上の空間利用がカギ

洗剤やタオルをしまう工夫／使いやすいピンチ、ハンガー／機能的な部屋干しスタンド／人気の洗濯洗剤／煮洗いで消毒

タオルバーは絶好の収納場所

116

浴室

白で統一してスッキリと／タオルバーを棚代わりに／ユニットバスの壁はマグネットが使える／水垢、カビ対策

細々した物は表に出さない

120

洗面所

洗面台周りをおしゃれに／白で統一がベスト／鏡裏の収納／ドライヤーやブラシの収納／洗面台下の収納

123

profile

134

トイレ

ストックは最小限に

床には何も敷かない／収納棚の中をスッキリ整理／収納ゼロのトイレに棚をつけて／DIYのペーパーホルダーが便利

グッズの力で収納力をアップ

128

玄関

靴はしまって何も置かない／傘や小物は壁や玄関ドアにくっつけて／靴収納の工夫

130

column 靴収納アイテムいろいろ

133

第 1 章

「小さな暮らし」を楽しむ
5人の部屋づくり

ミニマリストを目指し、
物の持ち方を日々見直して

shoko (nekokoko___)

ひとり暮らし、愛知在住 ● 20代、会社員

住まい .... 1K（22㎡）
Instagram .... https://www.instagram.com/nekokoko___/

　以前は「マキシマリスト」で、物でパンパンの生活をしていましたが、1K6畳の部屋への引っ越しを機に、シンプルライフを目指すようになりました。
　22㎡しかない家。訪れた人からは「思った以上に狭いね」と言われます。なんとか居心地のよい空間にしたくて、目が行き届く範囲で物を持つようにしたり、極力、床に物を置かないようにしたり。スッキリとしたお部屋に、ていねいな生活。そんな暮らしに憧れつつ、自分らしい暮らしを日々模索しながら生活を楽しんでいます。

1Kを最大限広く使うため
家具は最小限に

前ページ▷
ソファは置かず隅々まで見渡せるように
ソファはなし。テレビ台もあえて収納のない物を選んで。「隠す場所」がないから、物を持ちすぎることがなくなりました。

食器も調理道具もフル稼働
食器棚を置くスペースがないため、調理道具と一緒にシンク下に収納。こちらも断捨離し、「死蔵」している物はなし。

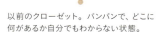

以前のクローゼット。パンパンで、どこに何があるか自分でもわからない状態。

クローゼットも空きが多い
何がどこにあるか、すぐに見渡せるように、コツコツ断捨離。本当に必要な物、持っていたい物だけ持つように。

鞄やポーチの中も把握できる量にとどめて

平日、仕事に行くときのリュックの中身

①マリメッコのリュック ②ポールスミスのお財布 ③メイクポーチ ④仕事服 ⑤ハンカチ ⑥お弁当 ⑦のど飴 ⑧イヤホン ⑨鍵。モバイルバッテリーを持ち歩くことも。

メイクポーチ、メイク道具はこれだけ

ナチュラルメイクなので、メイク道具の数は1つずつと少なめ。マリメッコのポーチに収まるだけに。左上からアイシャドウ3色パレット、化粧下地。左下からファンデーション、チーク、コンシーラー、リキッドライナー、アイブロウペンシル、マスカラ、ビューラー。

夏の休日の定番持ち物

節約と熱中症対策に、必ずタンブラーにお茶orコーヒーを入れて。パタゴニアのトートバッグに、スターバックスのタンブラー、日傘、メイクポーチ、ポールスミスのお財布、本を入れて移動するのが定番。

12

即買いしない。時間をかけて本当にほしいか吟味

ambaiの卵焼き器
ずっと気になっていた卵焼き器。一生使っていきたい。

マーガレットハウエルのブラウス
フォーマルにも使えると思い、購入を決めました。

イイホシユミコさんの食器たち
2年くらい思い続けて、ついに家に迎え入れました。

ビルケンシュトックのロンドン
3年越しで手に入れた靴。度々磨いて大切にしています。

新居でもミニマムな生活を目指して

引っ越して2人暮らしに。部屋は広くなったものの、今まで同様少ない物で、ていねいに暮らしていきたい。

仕事から帰ってきて
ホッと癒される空間に

naa9290

ひとり暮らし、東京在住 ● 30代、会社員
住まい .... 1K（22㎡）
Instagram https://www.instagram.com/naa9290/

　仕事がハードなので、家にいる時間だけは、思い切りリラックスしたいと思うようになりました。6.5畳にベッド、テレビ、テーブル、さらにはチェストも置いているので、空間はだいぶ狭くなっていますが、帰宅後すぐにホッとできる場所がほしくてソファも置いています。
　少しでも家でラクできるように、つくりおきをつくったり、休息できるアイテムをそろえたり。しっかり充電できるよう、いろいろと試しているところです。

グレーを基調に、抑えた色味の空間

前ページ▷
「シャビーシック」なファブリック類

「シャビーシック（＝くすんだ色合い）」が好き。テーブルのアイアン部分や、額のフレーム、小物などを黒にし、引き締めて。

ドライフラワーのくすんだ感じが好き

部屋のあちこちにドライフラワーを飾って。生花は素敵だけれど、どうしても手間がかかる…。ドライフラワーは扱いやすく、落ち着いた色味が我が家にはピッタリ。季節ごとに変えて楽しんでいます。

キッチンもシルバーをメインに

ステンレスでシンプル、清潔にまとめて。イッタラの水色のマグがお気に入り。水筒はクリーンカンティーンの592mlサイズ。夏は麦茶を、冬はホットティーを入れて。

つい買ってしまうシックな色味

クッションカバーとカトラリーはZARA HOMEの物。お店に行くと、ついシャビーシックな色味を買ってしまう。ボトルは、ダヴィネスのオーセンティックオイル。少量でも髪がまとまる優れ物。

家具は置く。でもサイズ感にはこだわって

テーブルはガラス製で透明感を

狭くても食事をするテーブルは置きたくて、小さめサイズを選択。また、ガラス製にすることで、圧迫感を軽減。テーブルはウニコの物。床が傷つかないように、でも掃除機をかけやすいように、小さめのラグ（イケア）を敷いて。

ベッドは小さめサイズを探しました

ネットでかなり探して、通常のシングルサイズより小さめのベッドを購入。ベッドの足下にクローゼットの扉があるので、開け閉めの邪魔にならないよう、しっかりサイズも測って。

ベッドサイドテーブルもガラス製

イケアの物。引き出しがないシンプルな構造なので、スッキリ見える。時計やパソコン、スマホ置き場に。天板の上の白くて丸いシルエットはライト。

ひとり暮らしをとことん満喫

間接照明を楽しんで

夜のリラックスタイムには、ベッドサイドテーブルのライトをつけて。クリスマスシーズンにピッタリな壁のデコレーションライトはイケアの物。電池式で、コンセントがいらないのも嬉しい。

料理も楽しんでいます

ひとり暮らしでも、つくりおきをたっぷりつくって1週間まわす。平日帰りが遅くなっても安心。"ひとり家飲み"も大切な時間。

体をケアする時間

ネイルはサロンで。足は、ときに奮発してスペシャルケアを。右はパナソニックのスチーマー ナノケア（現在廃盤）。乾燥する冬には欠かせない。

狭い部屋ならではの"秘密基地"感を楽しむ

da.monde.dara

ひとり暮らし、静岡在住 ● 30代、WEBデザイナー
住まい..1K（32.48㎡）
Instagram......https://www.instagram.com/da.monde.dara/

　あたたかみのある空間が好きです。たくさん色があっても落ち着ける部屋にしたくて、深めの色味を取り入れるようにしています。

　ついつい集めてしまうのが、大好きな本や椅子。ほかにも、レースを編んだり、観葉植物を株分けして増やしたり…。いつのまにか物が増えて困っています。

　物をどう配置すれば、もっと過ごしやすい空間をつくれるのか。頻繁に模様替えをしながら、理想の居心地を探しています。

好きな色ばかりだから
カラフルでも統一感が

前ページ▷
キリムが好き
クッションに選んでいるキリム（遊牧民たちが織る平織物）。個性的な幾何学模様、濃い色味が好きで、つい集めてしまう。このラグは、モロッコラグのボシャルウィット。いろいろな国の文化が感じられる手仕事が好きです。

グリーンをアクセントに
1Kの狭い部屋ですが、グリーンをあちこちに飾って。左に吊るしている植物は、サボテンのリプサリス。手入れが簡単で、室内栽培に最適。先っぽに白い小さな花が咲く。

葛根湯の瓶を花瓶代わりに
ボルドーな色が好き。葛根湯の瓶がちょうどいい色だったので、再利用。ラベルをはがしたらまったくわからない。針金でハンガーをつくり、吊り下げて。

クロッシェレースが趣味
時間ができると、かぎ針でちょこちょこ編んでいます。好きな色ボルドーをアクセントカラーに。瓶などを包んだり、鍋敷きなどもつくって、部屋のあちこちに飾っています。

ベッドは特別な空間

本棚でベッドスペースを区切って

本棚は手づくり。廃材を木工用ボンドでとめ、ニスを塗った物を積み重ねて。掛け布団の上にはベッドスローを。薄い生地でもウールなので、毛布代わりに。

夜は間接照明を

ぼこぼこした形がかわいいコットンボールライトを吊るして。夜は間接照明の灯りでゆったりするのが好き。枕元にはかわいがっている甥っ子の写真が。

出窓にも本棚

ベッドサイドの出窓にも手づくりの本棚を。本は好きで、どんどん溜まってしまう。育ちすぎて剪定した観葉植物をたくさん並べて。

お気に入りの椅子がいくつもある暮らし

窓辺に大きな椅子
飛騨産業のユーズドチェア。使い込まれていい味が出ており、一目で購入即決。何度眺めてもうっとりする美しいフォルム。体がすっぽり収まる。日だまりの中で読書をしながら、まどろむ時間は特別。

椅子を物の置き場所に
椅子の上に本を重ね、さらにグリーンも。踏み台にもなる椅子。ちなみに、この椅子も右の椅子もユーズド。

化粧台前に置いた丸椅子
ベッドサイドに、メイク用として使っているテーブル。椅子の下のカーペットはギャッベ。長い毛足を持つ分厚いイラン製の手織り絨毯。

北欧系のナチュラルな
空間づくりを目指して

misat_s

2人暮らし、北陸在住 ● 20代、パート

住まい .... 1LDK（40㎡）
Instagram .... https://www.instagram.com/misat_s/
楽天ROOM .... https://room.rakuten.co.jp/room_9469531ae1

　もともと雑貨が大好きで、自分が「いい」と思う物に出会ったら、つい反応してしまいます。機能美を兼ね備えた家具や電化製品、暮らしが快適になる便利グッズを見るとワクワクします。お気に入りの物を家のあちこちに置いておくと、眺めているだけでも幸せな気持ちに。使うだけで気分が上がり、毎日の暮らしがより楽しくなります。好きな物に囲まれた生活は、毎日の充実度が違います。

あちこちに
お気に入りのポイントをつくって

前ページ▷
色数は少なめに
統一感を持たせて

家具を選ぶときは、シンプルなデザインで、色味を統一するように気をつけています。テレビ台とダイニングテーブルはウニコ。白いラグはイブル。ソファは無印良品。色味がそろっていると落ち着きます。

クリスマスシーズンは
寝室にモビールを飾って

朝起きてベッドから眺める、かわいいツリーやトナカイ、雪だるまに癒されます。

厳選した
コーヒーグッズを置いて、
コーヒーコーナーに

ダイニングテーブルの後ろにある、壁掛けタイプの棚。左上の電気ケトルはバルミューダ。部屋で一番お気に入りの場所。

こだわりの道具は、あえて持つ

お菓子づくりのセット

お菓子づくりが趣味。つい道具が増えてしまいます。クッキー型は100円ショップの平らなケースにまとめて、少しでも場所をとらないように。よく使うのは、大きなミッフィー型。クッキーはもちろん、ケーキの型などにも。

掛けやすいイタリア製のアイロン

しっかりアイロンを掛けたくて、アイロン台を持っています。アリスのアイロン台はデザインもおしゃれで、部屋に置いておいても邪魔になりません。

中華街で購入した照宝のせいろ

やっぱりせいろで蒸したシュウマイは特別。買ってよかったです。写真は、ホットケーキミックスでつくった蒸しパン。

季節を「小さく」楽しむ

何段もあるひな人形は飾れなくても、小さな木彫りの人形なら飾れる。小さくても日々季節を取り入れています。

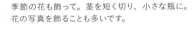

季節の花も飾って。茎を短く切り、小さな瓶に。花の写真を飾ることも多いです。

ハロウィーンは、キャンドルでデコレーションを楽しみます。

基本的に飾り物は小さい物を選んでいますが、クリスマスツリーだけは大きい物を。プラスティフロアの120cmサイズ。葉の部分がグラデーションでとてもかわいい。

8回の引っ越し経験から辿り着いた「持たない」暮らし

ayumi._.201

4人暮らし（夫、4歳、0歳）、九州在住 ● 20代、主婦

住まい .... 2LDK（55㎡）
Instagram .... https://www.instagram.com/ayumi._.201/
blog .... 「シンプル暮らし スッキリが続く家」
.... https://ameblo.jp/simplekurashi
楽天ROOM .... https://room.rakuten.co.jp/room_ayumi._.201/items

　捨てられない性格ゆえ、物にあふれた生活を経験。
　転勤族の夫と結婚する際、各々ひとり暮らしを経ての結婚だったため、なんでも物が2つずつある状態でした。今の家に引っ越し、娘の出産を機に1年間かけてコツコツ断捨離。今では心に余裕を持って子どもとの暮らしを送れるようになりました。
　持ち物を最低限に減らしたり、白でまとめたり。子どもがいる中でもシンプルな暮らしができるように試行錯誤しています。

日々、断捨離を実行。管理できるだけの物を

前ページ▷
家族が増えても クローゼットはすかすか
昨年2人目が生まれ、家族4人になり、放っておくと衣類はどんどん増えていきます。そこで定期的に数を見直すようにしています。夫婦の服は、ほぼここに掛かっているぶんと、下の収納ケースに収まるだけに。

食器は人数分、最低限
食器は、家族の人数分だけ。シンプルな食器の定番、イッタラでそろえました。食器の下にはニトリの滑り止めシートを。細かい豆皿はトレーに乗せ、奥の物も取りやすく。

調理器具も少なく
鍋類は最小限に。これ以外にフライパンなどもありますが、ザルやボウルなども、どれも1つずつしか持っていません。「これがないと料理できないかどうか」を常に問いかけ、「なくても大丈夫」となったら、いったん隠し、問題なければ手放し、適正量を決めました。

洗濯洗剤もなくしました
ランドリーマグちゃん。マグネシウムの力で、洗剤いらずで洗濯ができます。洗剤のストックがいらなくなりました。S字フックで吊るして収納。白いのが大人用、青いのが子ども用。

子どもがゆったり遊べる工夫

リビングの床は広々と

リビングのテーブルで食事をすることもあり、ここは家族が一番集まる場所。とくに子どもは、リビングで過ごす時間が長いです。おもちゃを広げて遊べるように、どこでもゴロンと寝転がれるように、リビングの床には何も置かないようにしています。

子どもが片づけやすいおもちゃ収納

おもちゃは子どもがわかる程度にケースに分類し、収納。ラベル代わりの写真も貼っています。おかげで片づけの習慣ができ、遊び終わった後も散らかさなくなりました。

ツリーの代わりにタペストリー

クリスマスツリーはありませんが、代わりにツリータペストリーを。コーヒーフィルターをつけてアドベントカレンダーに。子どもが数字、日付を覚えるのにも役立ちました。

「白」をメインにする

キッチンは白で清潔に
収納扉など、元々が白だったこともありますが、ゴミ箱や冷蔵庫も白で統一。スッキリ感、清潔感を出すことができています。

子ども部屋も家具は白に
派手な色が集まりがちな子どもの物。棚やベビーベッド、カーペットも白に統一することで、スッキリまとめられています。

洗面台下も白に
中に白いケースを並べてスッキリ。右の引き出しに入っているのは、使い捨てコンタクト。左の3つのケースには、工具やヘアケア用品、洗剤類を収納。

第 **2** 章

これ1つでスッキリ！
みんな使ってる定番10アイテム

「見せる」収納に最適。置くだけでインテリアのポイントに

籐風ボックス

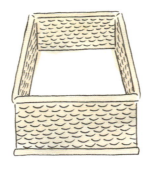

product data

買える場所	無印良品、ニトリなど
特徴	・ラタン、ブリ材など。編み目が詰まっていて丈夫。重ねられる ・取っ手つき、蓋つき（蓋は別売り）のほか、浅めのタイプから深型タイプまで様々
使い方	・棚の中で引き出し代わりに使える ・取っ手つきタイプは、高い場所に置いても取り出しやすい

インテリアになじむ

t0146_2

最上段には、置き場所に困る雑貨類を。ラタンボックスにまとめればスッキリ。

miki__house_

リビングの一角に置いたシェルフに。ナチュラルな風合いで、どんな棚にも合わせやすい。

product_ 籐風ボックス

同じ大きさ高さで並べて使う

namytone

テレビ台に蓋つきボックスを並べ、引き出し代わりに。

miyo_344

キッチンにあるイケアの棚。左のカゴにはお菓子、右のカゴにはお茶セットやふりかけが。

lum.lum.chan

キッチンのシェルフに3つ並べて。右はお弁当箱類、左2つにはよく使う食器を。上に布を掛けて目隠しに。

misat_s

洗濯機の上の棚に。中身は掃除道具や洗面所で使うストック類。

籐風バスケット

chiikoko57

部屋着を入れて。

見た目におしゃれな存在感。軽いので移動がラク。持ち手のある物が運びやすい。
通気性がよく、中も見やすいので、洋服や小物収納にも適している。

バスケットの中に容器を入れ、カトラリーを小分けにして取り出しやすく。

chiikoko57

キッチン、カトラリー収納に。

tiptiptip__

ドライヤーなど髪のセットをまとめて。

product_ ワイヤーバスケット

シンプルなワイヤーがスタイリッシュ。中が見えるから管理がラク
ワイヤーバスケット

product data

買える場所	無印良品、ニトリ、イケア、100円ショップなど
特徴	・ステンレスが多いが、シルバー以外に白や黒色で塗装している物も ・スクエア型だけでなく丸型もある
使い方	・通気性がよく中が見やすい。持ち手を内側にすると積み重ねられる（無印良品） ・強度があって錆びにくい。水流れもよく衛生的

衣類やタオル入れとして

cafe202_home

オープンタイプのクローゼット。ワイヤーバスケットの格子のおかげで、多少ぐちゃぐちゃに入っていてもスッキリ見える。

namytone

タオル入れに。

cafe202_home

バスケットの中にカゴを入れて、コーヒーの粉やリネンなどを分けて収納。

上段右側はパンのストック入れ。市販のパンのパッケージを隠すためクロスで目隠し。中身までは見せない収納で、見た目もスッキリ。

eiriyyy_interior

サニタリースペース上部の棚に、フェイスタオルとトイレットペーパーを置いて。

miccasroom

トイレットペーパーの収納に。

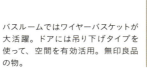

濡れてもOK。水まわりでも活躍

namytone

バスルームではワイヤーバスケットが大活躍。ドアには吊り下げタイプを使って、空間を有効活用。無印良品の物。

36

product_ ワイヤーバスケット

吊り下げワイヤーバスケット

shoko（nekokoko___）（写真©原田真理）

左側に無印良品の布巾、右側にはランチョンマットを。布巾は12枚で499円と安く、気兼ねなく使える。

吊り戸棚の板に差し込むだけで、簡単に収納スペースを増やせる。キッチン、ランドリー、玄関など、棚さえあれば、どんな場所でも設置可能。

saori.612

少量の食器やカトラリー置き場として。洗った直後に置くと水切りもできて便利。300円ショップ（スリーコインズ）の物。

naa9290

ニトリの吊りカゴにタオルを収納。タオルはイケアでまとめ買い。バスタオル×3、フェイスタオル×4、トイレ×1、キッチン×1が全枚数。

cafe202_home

棚板にワイヤーラックを差し込み、1つの空間を2つに分けて有効活用。コの字ラックも使えるアイテム。

miii2_room

ワイヤーバスケットをS字フックで引っ掛けて吊るす方法も。バスケットに物を吊るして使ってもいい。

書類入れだけではない。幅広い使い方ができる

ファイルボックス

 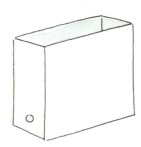

product data

買える場所	無印良品、ニトリ、イケア、100円ショップなど
特徴	・ポリプロピレンや木材（イケア）など。透明、半透明、ホワイトグレーなど ・直方体、片側が斜めにカットされた形状、ハーフサイズがある
使い方	・シンプルなデザインで丈夫。耐水性に優れ、水まわりで安心して使える ・引き出し穴がついており、奥行きがある場所で便利。並べて置くとスッキリ見える

書類、ファイル入れとして

eiriyyy_interior

家電の取扱説明書や税金・保険の書類などを、個別にフォルダでまとめて。

misat_s

取扱説明書や暮らし関係の書類を、それぞれ個別にファイルして整理。

38

product_ ファイルボックス

キッチンで調理グッズを整理

シンク下　miki__house

鍋蓋入れとしても。立てて収納すればスッキリ。

シンク下　saori.612

大きめのファイルボックスを2つ縦置きし、棚代わりに。

ランチパックなどを収納。

小物ポケットを引っ掛け、計量スプーン入れに。

食器棚　miki__house

引き出しがわりに使って、食器棚の奥まで有効活用。

シンク下　miki__house_

キッチンシンク下の収納。調味料入れとして。ラベルで中身がすぐわかるように。

ランドリーでストックやハンガー入れに

na_o_na_o_21

ファイルボックスを並べ、細かく仕切って。洗剤やシャンプーの買い置きをストック。縁に洗剤スプレーを掛けて。

namytone

脱衣所の隙間に、シャンプーやボディソープ、洗剤類をストック。

t0146_2

ハンガー、ピンチ入れに。斜めの形がピッタリはまる。

miyo_344

ケア用品をまとめて。1ヵ所にまとめると取り出しやすい。

ほかにもこんな使い方が

saori.612

メイクとスキンケア用品の収納に。ボックスごと取り出して、朝使う。よく使うハサミやティッシュ、爪切りも一緒に。

a_home77

洋服収納の仕切りとして。衣類ケースにインして。

40

product_ メイクボックス

化粧品から洗剤のボトルまで。取っ手があるので持ち運びに便利

メイクボックス

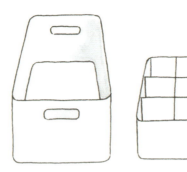

product data

買える場所	無印良品、ニトリ、100円ショップなど
特徴	・主にポリプロピレン製。半透明、ホワイトなど ・大、小タイプがあり、同じサイズのボックスは積み重ねられる
使い方	・軽くて丈夫。洗えるので水まわりで大活躍。清潔に保てる ・半透明は中身を把握しやすく管理がラク。白は中を隠せて見た目にスッキリ

メイク入れとして。BOX in BOX が基本

sawa_dan

化粧品、ボディケア系の物を集め、毎日使う物だけに断捨離。ハンドクリームなどの小物は紙コップにまとめて。

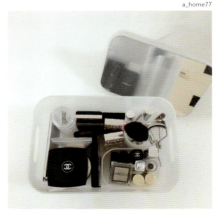

a_home77

ミラーつきの蓋（無印良品）が便利。これ１つで鏡台が完成。メイクのときは、蓋についた折りたたみ足を立て掛けて。

高さやサイズで使い分けて

shoko（nekokoko___）

玄関を入ってすぐにある洗濯機置き場も、半透明のボックスに洗剤類を入れればスッキリ。

ayumi._.201

ランドリーで洗剤等の収納に。右上は野田琺瑯の取っ手つきストッカー。

misat_s

100円ショップの物。CDやゲームソフト、DVDもスッキリ収まり、重宝。重ねられるのもいい。

miki__house_

子どもの服の引き出し収納に。靴下など、ばらばらになりがちな物を入れるのに便利。

product_ メイクボックス

茶こしやエッグカッターなど、細々した物をまとめるのにも。

misat_s

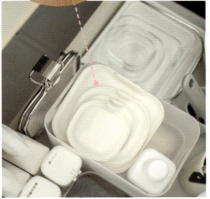

シンク下で、保存容器と蓋を別々に収納するのに使って。

misat_s

高さが低めのタイプを積み重ね、ブレンダーの置き場所に。

a_home77

塩素消毒の漬け置きに。小さめの物を少し漬けるのに、ちょうどいいサイズ感。

sawa_dan

冷蔵庫上段の収納ケースはセリアの物。カラフルな袋物の食品もスッキリしまえる。チルドの引き出しはチェックの紙で目隠し。これはセリアのコンロ用油はねガード。

43

引き出し内の小物の仕分けに最適

整理トレー

product data

買える場所	無印良品、ニトリ、100円ショップなど
特徴	・主にポリプロピレン製。透明、半透明など色味も選べる ・長方形、正方形。角丸、角張りタイプなど、高さやサイズ展開も豊富
使い方	・収納場所に合わせて、様々なサイズのボックスを組み合わせて使える ・ばらつきがちな物を用途別に分け、取り出しやすくできる

アクセサリー

cafe202_home

絡まりやすいネックレスは仕切って収納するのが◯。

日用品

na_o_na_o_21

テレビ台の収納ケース内。絆創膏は箱から出して、取りやすく。

product_ 整理トレー

カトラリー

miki__house_

miii2_room

どこに何を入れるかわかるよう、ラベルを貼って。カトラリーがほんの少しはみ出るサイズを選ぶと取り出しやすい。

無印良品の整理トレーは組み合わせや並び方を変えて使えるのがいい。カトラリーはカイボイスン。シンプルで大きさもちょうどよく使いやすい。

調理用具

miyo_344

シンク下1段目の、浅めの引き出し。ピーラーや缶切り、計量スプーンを入れて。爪楊枝もケースから出してしまっておくと便利。袋の封としてよく使う洗濯バサミも、ここに。

文房具

saori.612

miyo_344

文房具は1つひとつの置き場所をトレーで定めることで、取り出しやすさがアップ。

真ん中の蓋つきの物は無印良品のカードボックス。中身はピン釘。

45

「引っ掛ける」ところさえあれば簡単に収納場所をつくれる

S字フック

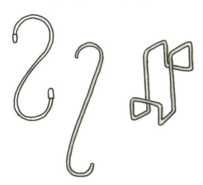

product data

買える場所	100円ショップ、ニトリ、無印良品、イケアなど
特徴	・ステンレス製が多いが、黒や白色、茶色で塗装している物も ・極小サイズから、重い物も掛けられる二重タイプの物まで様々
使い方	・ポールや溝など、引っかかる所ならどこでも。耐荷重には注意 ・吊るす物には穴や輪っかが必要。ない場合は、p49のワイヤークリップで

バッグを1つずつ吊るす

sawa_dan

バッグ置き場にしているクローゼットの中。紐の長いショルダーバッグは1つずつ吊り下げて収納が◯。

miyo_344

ユニットシェルフの帆立部分にS字フックを掛け、よく使うバッグを吊るして。

product_ S字フック

キッチンで

naa9290

1Kの小さなキッチン空間を最大限有効活用。
調理道具類は数を絞り、吊り下げて。

miccasroom

フライパンやザルも吊り下げて。ワラの鍋敷きの
丸形がアクセントに。

saori.612

二重タイプのフックは横ずれしにくい。包丁差し
に掛けて収納スペースをつくって。

tiptiptip__

キッチンシェルフの側面に掛けて。上はミトン。
下はミニトートにゴミ袋を収納。

バスルームで

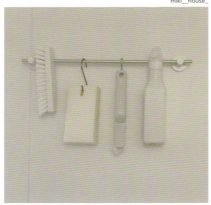

miki__house_

掃除用具をタオルバーに掛けて。自然乾燥でき、衛生的。

naa9290

ドアの外側にバスマットを掛けて。バスマットはMARKS&WEBのリネン素材の物。ループつきなのがいい。

ほかにもこんな使い方が

miki__house_

脱衣所のゴミ箱。後ろに穴のあいた100円ショップのゴミ箱にフックを掛けて、吊り下げに。

namytone

掃除道具を壁に吊るし、気づいたときすぐに掃除ができるように。

48

product_ S字フック

ワイヤークリップ

misat_s

浴室でボディタオルなどを吊るして。上のシャンプーボトルはニトリの物。袋ごと入れられ、詰め替えの手間が省ける。

吊るす穴や紐がない物には、挟んで引っ掛けるタイプがおすすめ。
布や紙、チューブの上の部分など、やわらかくて薄い物が適している。

miki__house_

洗面所下の収納。つっぱり棒に掃除用手袋を引っ掛けて。

saori.612

浴室のドアに、歯磨き粉と洗顔フォームを吊るして。

na_o_na_o_21

タオルバーにそのまま掛けると乾きが悪いので、雑菌の繁殖を避けるため、ワイヤークリップで挟んで。

t0146-2

レシピスタンドの代わりに使うのもあり。

「引っ掛ける」ところがないときに活躍

吸盤、マグネット、シールフック

> product data

買える場所	100円ショップ、ニトリ、無印良品、イケアなど
特徴	・接着部分は、吸盤、マグネット、シール ・フックの部分はステンレス製が多い。ただ、耐荷重に注意
使い方	・壁面に収納を手軽に設置できる ・壁素材に合わせて接着部分の素材選びに注意

使い分け方

吸盤フック	浴室壁やキッチンタイル、ガラスなどのつるつるした素材におすすめ。軽めの物を掛けるのに適している
マグネットフック	磁石がつく金属部分に。使用場所は限られる。主に冷蔵庫やレンジフード、玄関ドアなどで。浴室の壁に使えることも
シールフック	壁や扉などに使える。はがせるタイプが便利。上記2つに比べると、気軽につけ替えできないので、定位置を決めて使う。キッチンのシンク下の扉裏など、見えないところに使うケースが多い

product_ 吸盤、マグネット、シールフック

吸盤タイプ

miyo_344

フライ返しやトングなどの調理道具をコンロ周りに吊り下げて。

miyo_344

計量カップと輪ゴムをキッチンの壁に。

miyo_344

洗面台下の扉に。中に入っているのは、水まわりの掃除で使うメラミンスポンジ。

tiptiptip__

コップもフックで吊るし、衛生的に。真ん中に吊るしている物は、排水溝の栓。

interior_satochan

テレビ裏。100円ショップの強力吸盤で、コロコロやモップ、ペン立てなどを引っ掛けて。

51

マグネットタイプ

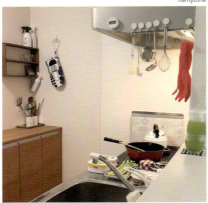

namytone

レンジフードの外側に、調理道具を吊り下げて。赤いゴム手袋がワンポイントに。

t0146_2

冷蔵庫の扉。鍋つかみやトレイをぶら下げて。コーヒーフィルターや爪楊枝もマグネットホルダーに。

miki__house_

玄関ドアにほうき。つい忘れがちな玄関掃除も、気づいたときサッとできる工夫。

miyo_344

玄関ドア。フックにピンチを掛け、手袋を。右はマグネットバーにファイルボックス用のポケットを掛け、鍵と印鑑を収納。

product_ 吸盤、マグネット、シールフック

シールタイプ

a_home77

シンク下の内側扉に調理道具を。扉がきちんと閉まるよう、いずれも小さめサイズに。ポテトマッシャー以外は100円ショップの物。

ayumi._.201

洗面台下。左手扉には、よく使うけれど収納に困るゴムやネックレスを掛けて。右手扉には、眉切りバサミと掃除用ブラシを吊るして。

····· column ·····

鋲つきタイプのフック

- 画鋲がついているタイプ。壁に刺して使う

- ある程度重量がある物にも対応できるので、掛け時計や額入りの絵などを飾っても

- 壁に穴が開いてしまうのが難点。賃貸だと、壁に穴を開けたくなくて、鋲つきフックに抵抗があるけれど、市販の壁穴補修材を使えば簡単に修復できる

壁に取りつけてスペースをフル活用

壁につける棚・ボックス

product data

買える場所	ニトリ、無印良品、イケアなど
特徴	・主に、長押（なげし）、棚型、ボックス、コーナーに取りつけるタイプの4つ ・素材は、木以外にアルミやアイアン素材、上から塗装した白や黒もある
使い方	・壁面のデッドスペースを有効活用 ・飾り物を置いたり、実用的な物の置き場所にしたり

取りつけ方・使い分け方

専用固定ピンで専用フックを留めるだけ。簡単に取りつけられる

長押（なげし）	衣類を吊るしたり、絵や写真をディスプレイするのにも最適
棚	お気に入りの小物を飾ったり、ちょっとした収納にしたり。使い方も自由自在
ボックス	本やCDを入れたり、キッチンやバスルームで調味料やタオル置き場としても使える

product_ 壁につける棚・ボックス

リビング、ダイニングで

cafe202_home

犬の置物を飾って。この犬は、物づくりが好きな夫の試作品。額縁の絵と合わせ、フォーカルポイントに。

lum.lum.chan

長押タイプ。フックと組み合わせて、普段使いのバッグを「見せる収納」として。

interior_satochan

壁掛けテレビの上に、クルティのディフューザーなどを飾って。テレビの右横はイケアのドライブーケ。

namytone

長押タイプをタブレット置き場所に。棚の隙間にはめて立て掛けて。USBケーブルはS字フックに吊るして収納。

キッチンで

na_o_na_o_21

調味料置き場に。下の棚は100円ショップの物。ワイヤークリップでコーヒーフィルターを吊るして。

miki__house_

棚と箱タイプを組み合わせて。左上の箱形の棚には、ハンドクリームなどよく使う物を入れて。

kumeemee

マグカップやポットなど、お茶セットコーナーに。マグカップはマリメッコのプケッティ。

t0146_2

アルミタイプの棚。濡れても大丈夫なので、キッチンで使いやすい。

56

product_ 壁につける棚・ボックス

枕元で

saori.612

枕元に棚がなくても置き場所はつくれる。ティッシュや目覚まし時計、スマホなどを置く場所に。時計横の白い物はアロマディフューザー。

tiptiptip__

目覚まし時計はやっぱり枕元に置いておきたい。

a_home77

コーナータイプの棚は、縦に空間を使え、ちょっとした物を置くのに便利。白でそろえて、明るく。

chiikoko57

手づくりの棚。板をタッカー（木工用のホッチキス）で留めただけの簡単DIY。メガネやハンドクリーム、寝る時用香水を置いて。

洗面所、ランドリーで

kumeemee

バスタオル、フェイスタオルを収納。バスタオルは今治タオルのミニサイズ。

misat_s

洗剤ボトルを置いて。ボトルはクレスブランドの物。手前は100円ショップのウェットティッシュケース。

miyo_344

ヘアクリップやツィザー（毛抜き）は縁に引っ掛けて収納。

メイク道具をアルミタイプの箱にまとめて。

子ども部屋で

a_home77

おもちゃ置き場に。下の収納棚はイケアのトロファスト。高さ違いのタイプで、一番低い段をお絵描き用の机に。

58

product_ 壁につける棚・ボックス

玄関で

kumeemee

帽子や折り畳み傘を掛ける場所に。マリメッコのロゴバッグの中には、お出掛け用のエコバッグを収納。

namytone

ウォールミラーはニトリで購入。鏡下には棚を設置。棚の奥のフックには鍵を吊るして。

cafe202_home

下の部分に穴を開け、ネジを入れて掃除道具掛けにDIY。

saori.612

玄関の飾り棚として。棚の上に置いている物は、手前がキャンドルライト。奥が無印良品のインテリアフレグランス。

縦にも横にも使える薄い格子状の収納

ワイヤーネット

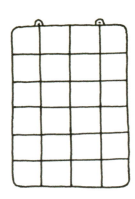

product data

買える場所	100円ショップ、イケア、ネットショップなど
特徴	・格子状でスチール製が多く、サイズはいろいろ。空間に合わせて ・シルバーのほか、白や黒が選べる
使い方	・結束バンド、ジョイント、ネジ、S字フックなどを組み合わせて設置 ・ワイヤーネット同士を結束バンドで縛って収納スペースを増やしたり、棚にすることも可能

取りつけ方

▶ 引っ掛ける場所があればS字フックを掛け、そこにワイヤーネットを吊るして使用

▶ 引っ掛ける場所がない壁のような場所には、ピンフックを差したり、シールタイプのフックを貼って、吊るす場所を設置

▶ 釘やネジを使えば、多少重い物でも安心して吊るせる

60

product_ ワイヤーネット

リビングやキッチンで

da.monde.dara

100円ショップのワイヤーネットをコの字に曲げて作成。お気に入りの本やカードを飾って。時計置き場にも。

da.monde.dara

キッチンの壁面に、S字フックで鍋敷きを掛けて。手づくりのクロッシェレース（かぎ針編み）の色味が美しい。

chiikoko57

キッチンの壁面。ピーラーやまな板を掛ける場所に。

a_home77

テレビの後ろに貼りつけて配線整理に。セリアの透明粘着フックを留め具に使って。

壁と壁の間、天井と床の間。固定して物を掛けたり置いたり

つっぱり棒

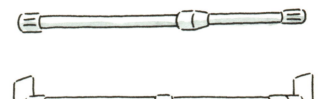

product data

買える場所	100円ショップ、ニトリなど
特徴	・スチール製が多いが、白以外に、黒、オークも ・空間幅や耐荷重に合わせて、太さ、長さを選べる。バネ式やジャッキ式もある
使い方	・主に、つっぱって、物を掛けたり上に置いたりする。仕切りとして使うこともできる ・壁に傷をつけずに設置できるので、賃貸住宅でも安心

取りつけ方

バネ式 取りつけたい壁の幅より、つっぱり棒を長く引き出す。壁の片側に細い方の棒を押し当て、棒の中のバネを縮ませながら、もう片方を押し込んで、床と平行にセットしたら完成

ジャッキ式 ネジをしっかり締めた上で、壁の間に差し込み、グリップを回して壁につっぱれば、取りつけ完了。ネジを根元近くまでしっかりと回し切り、2本のパイプを固定させることが大切。バネ式よりも重い物に耐えられる

62

product_ つっぱり棒

洋服やバッグを掛けて

namytone

つっぱり棒を交互に渡して。手前にはS字フックでバッグ、奥には冬用のベストを。

のれんとして

na_o_na_o_21

つっぱり棒を渡してカーテンクリップで布を吊り下げ、炊飯器の目隠しに。

引き出し内の仕切りに

miki__house_

タオル収納。仕切りのおかげで崩れてこない。

数本使いで棚代わりに

naa9290

洗面台下。取っ手つきボックスに入れた洗濯バサミを載せて。

da.monde.dara

キッチンの電子レンジ上の棚は、つっぱり棒を2本渡し、ワイヤーネットを置いて棚に。

na_o_na_o_21

脱衣所の天井近くに設置。バケツの収納場所にピッタリ。ハンガー、ピンチも掛けて。

na_o_na_o_21

キッチン収納棚の中。上に乗っているのは、換気扇フィルターのストック。

64

product_ つっぱり棒

ハンガー掛けとして

misat_s

洗濯機横のスペースに渡し、空間を有効活用。ハンガーはマワハンガー。

namytone

洗濯機と洗面台の間に渡して。ピンチつきハンガーは絡まり防止のため、ファイルボックスに別収納。

つっぱり棚

ayumi._.201

クローゼットの中につっぱり棚を設置してバッグ収納に。上に置いたり、S字フックで吊るしたり。

saori.612

洗濯機上部の収納に、2つ渡して。カゴの中はタオル、洗濯ネット、下着。

第 3 章

リビングから玄関まで。
すぐ真似したい整理収納の工夫

壁、家電側面、扉裏まで収納に

Kitchen

キッチン

キッチンには調理道具や調味料、食器などたくさんの物が集まる。できる限り、最小限に絞って、料理がしやすく、管理・掃除がしやすい場所に。
また、収納グッズを駆使して、使いやすい収納にする工夫も。「こんなやり方が!?」というアイデアがいっぱい。

狭いキッチンでも広々と

shoko（nekokoko___）

1Kのキッチン。料理がしやすいように、調理道具を吊るしたり、隅にまとめて。シンク蛇口横には、醤油やみりんなど、よく使う調味料を瓶に詰め替えて。

saori.612

キッチン兼ダイニング。料理の邪魔にならないよう、ダイニングテーブルは小さめサイズを。作業台としても使用。シェルフを使って、縦空間を有効に。

space_ キッチン

miccasroom

調理道具を吊るして。黒や白、シルバーで色を抑えているので、不思議とごちゃつき感はなく、むしろ家庭的であたたかみのある雰囲気に。

tomoko_13

1Rのキッチン。シンク下には収納がないので、白いボックスを並べてキッチン収納としてカスタマイズ。

chiikoko57

1口コンロのミニキッチン。調理道具は最低限に絞って、木べらやまな板、お皿など全体をウッド調にそろえ、ナチュラルな雰囲気に。シンク下の収納扉もDIYして、お気に入りの空間に。

da.monde.dara

1Kのキッチン、冷蔵庫周り。ワゴンやラックを駆使し、調味料類をコンパクトに並べて。当初は狭いことに不満を感じていたが、今となっては工夫できることが楽しい。

シンク周りは白、物を置かない

sawa_dan

右のスポンジはイケアで3個99円の物。1カ月に一度取り替えて。スポンジ立てはセリアの物。横の白い丸い物はセリアのシンク磨き用スポンジ。

miccasroom

洗剤は市販のラベルをはがしてシンプルに。窓枠に置いてあるのは、バストリーゼと無印良品のアルカリ電解水。キッチン掃除に。

miii2_room

シンク周りに出している物は、ほぼ白で統一。左のボトルはミューズのハンドソープ自動ディスペンサー。右のボトルはヤシノミ洗剤。水切りカゴにワイヤークリップで留めてあるのは、亀の子のスポンジ。

70

space_ キッチン

tomoko_13

kumeemee

スポンジや洗剤は無印良品のステンレスラックに入れて。ディスペンサーも無印良品の物。歯磨きスタンドも同居しているのは、洗面台のない部屋に住んでいた頃の名残。

洗剤、ハンドソープはジェームズ マーティン。置いておくだけで様になる。スポンジは、泡立ちよく、へたりにくいサンサンスポンジ。ステンレスボトル洗浄用の柄つきスポンジは大きさはあるものの、白でスッキリ。

ダストホルダーを取りつけ

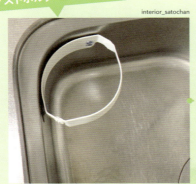
interior_satochan

interior_satochan

百均のダストホルダー。シンクの角に取り付ける。

袋を掛けて使用。その都度捨てられるので、三角コーナーより衛生的で場所もとらない。

71

水切りカゴの選び方

misat_s

ラバーゼの水切りカゴ。シンクの縁に渡して、そのまま水切りできるように。洗剤・ハンドソープはマーチソンヒュームの物。

saori.612

置き場所と掃除の手間を考えて、水切りラックを。洗った野菜やまな板を置くのにもちょうどいい。使わないときはくるくる丸められ、省スペース。

tomoko_13

つっぱり式の水切りラック。賃貸キッチンのささやかな調理スペースを侵食せず、縦の空間を効率的に使える。

tiptiptip__

洗い終えた食器は布巾の上に置いて。水切りカゴを断捨離。とくに不便は感じず。逆にキッチンを広く使えるようになってよかった。掃除する手間が省けた点も○。

space_ キッチン

食器棚の収納の工夫

コの字スタンドを使って

saori.612

シンク上の吊り戸棚。コの字スタンドを使って空間を最大限活用。

na_o_na_o_21

コの字スタンドを適宜使って。上から3段目は、幅の広いお皿を入れるために、両脇が空いたディッシュラックを置いて。

interior_satochan

アクリルのコの字スタンドは無印良品、左のプレートスタンドはニトリの物。デッドスペースをつくらず、でも入れすぎずを心がけて。

食器棚の収納の工夫

chiikoko57

キッチンの備えつけの棚に。扉はないけれど、お気に入りの食器ばかりなので、飾る気分で。

miyo_344

小さめサイズの食器棚。使用頻度の高い順に、上段から下段に並べて。

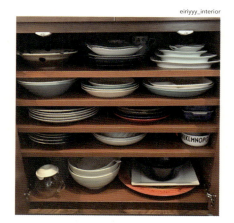

eiriyyy_interior

お皿を重ねすぎると使いづらいので、あえて棚を増やして、分割収納。

namytone

重ねすぎないよう並べて。食器はほぼ、長崎県の波佐見焼。

space_ キッチン

食器は入るぶんだけ

tiptiptip＿

シンク下の引き出し収納。食器棚に憧れるものの、置くスペースもないので、この引き出しに収まるだけに。

lum.lum.chan

食器棚がないため、カゴに入れて収納。写真にはないけれど、埃よけにお手製カバーを上に掛けて使っている。

saori.612

時々、全部取り出して食器数を見直す

2人暮らしの食器、全30点。以前はこの倍以上保持。いつ使うかわからない食器は持たず、お気に入りを棚に入るぶんだけ持つように断捨離。
一番出番が多いのは、ブラックパラティッシのオーバル（中央奥）。無印良品の蕎麦猪口（中央右）は、蕎麦つゆを入れるだけでなく、茶碗蒸しや湯呑みとしても使える。

75

コンロ周りに調理器具を集結

lum.lum.chan

miyo_344

コンロ脇に、菜箸やフライ返し、計量スプーンなどをひとまとめに、料理しやすく。まな板や泡立て器は吊るして。

朝出掛ける前に、キッチンのリセット掃除。最低限の物だけ外に出しているので、掃除もあっというまに終わる。

シンク下収納

na_o_na_o_21

miyo_344

鍋類と調理器具をまとめて収納。棚はニトリの物。

ファイルボックスを横に2つ重ねて、フライパンと鍋を収納。上のケースの左側にはゴミ袋を、右側にはスポンジのストックと、掃除用のメラミンスポンジを入れて。

76

space_ キッチン

鍋蓋収納

saori.612

大きめの粘着フック（ダイソー）に引っ掛けて。

shoko（nekokoko___）

粘着テープフックを2つ斜めにつけて。

interior_satochan

キャンドゥの鍋蓋ラックに掛けて。

saori.612

調理器具を1つにまとめて。キッチンツールを選ぶときは「手入れしやすいシンプルなつくり」「フライパンが傷つかないシリコンかナイロン製」「食洗機対応」「使いやすさ」を重視して。

misat_s

伸縮できるフライパンスタンドに鍋類を立てて収納。重ねて収納するより、立てたほうが出し入れしやすい。フライパンは取っ手が外れる物を使っているので、収納もラク。

調味料は詰め替えてラベルをつけて

saori.612

キッチンの引き出しに調味料と乾物を入れて。スパイスボトルはサラサデザインストアの物。乾物はフレッシュロック（タケヤ）に。

misat_s

ポップコンテナ（オクソー）に、砂糖や塩、小麦粉などを入れて。ワンプッシュで開けられるので、中の物が取り出しやすい。つくりが丈夫で、スタッキングできるのも◎。蓋の手前部分にラベルをつけて。

tiptiptip__

フレッシュロックでそろえて。片手で開け閉めでき、使い心地もとてもいい。もともとは緑だったパッキンを白に変えて。白だとよりスッキリ。引き出したときすぐわかるよう、蓋の上にラベルをつけて。

78

space_ キッチン

シンク下に置いた無印良品のPPケースに、小麦粉などの調味料を収納。ケースはセリアの物。

上段左はスパイス。セリアのスパイスボトルに詰め替え、無印良品の整理トレーにまとめて収納。2段目の調味料を入れた容器はフレッシュロックの物。

無印良品のアクリルボトルスタンド3段を使って。ボトルはセリアの物。

詰め替えせずにスッキリ収納

miyo_344

調味料のパッケージをはがしたり、詰め替えてラベリングしたりするのは憧れるけれど、面倒さが勝ってそのまま置く派。

無印良品のPPケースには、砂糖や塩、小麦粉などの粉物を。袋の口はゴムや洗濯バサミでとめて。

interior_satochan

interior_satochan

詰め替えはせず、引き出して上から見たとき、すぐにわかるように蓋にラベルを。手前はゴミ袋やラップ類。セリアのケースに入れて。

吊り戸棚に乾物を入れて。下段のケースはセリアの「蓋が立つケース」。上段の取っ手つきケースにはタッパーを収納して。

space_ キッチン

お米の保存方法

tiptiptip__

ガラス製のライスストッカーに入れて。おしゃれに「見せる」収納に。

na_o_na_o_21

無印良品の米びつ。1つで2kgくらい入る。スリムな形状で収納に便利。冷蔵庫に入れて保存。

saori.612

2ℓのペットボトルに入れ、冷蔵庫の野菜室に保存。

a_home77

イケアの保存袋に2合ずつ入れ、冷蔵庫に保存。分量が決まっていると、その都度、量る手間が省けてラク。

ペーパーや布巾の収納

キッチンペーパー
chiikoko57

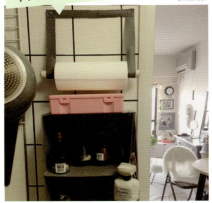

手づくりのホルダー。レザータイプの布を細長くカットし、輪っかにして、めん棒が入る幅だけ空けておき、ボンドで貼りつけただけ。材料費は200円。

キッチンペーパー
saori.612

マグネットタイプのホルダーを、レンジフードにつけて。ここなら作業の邪魔にならない。

スポンジ、布巾
interior_satochan

シンク下の扉内側。フックを取りつけ、ワイヤーバスケットを吊るして。置き場所に困ったときのストックのアイデア。

洗剤スプレー
tiptiptip__

洗剤スプレーをシェルフの横に引っ掛けて。スプレーの中身は、ハッカスプレー、パストリーゼ、アルカリ電解水の3種類。汚れ落ち抜群。

82

space_ キッチン

ラップやゴミ袋の収納

サランラップ
misat_s

マグネットタイプのラップホルダーは楽天で購入。冷蔵庫にフックをつけ、鍋敷きや輪ゴムも掛けて。

サランラップ
na_o_na_o_21

ラップは、ニトリのマグネットラップホルダーを使って立てて収納。キッチンペーパーも、無印良品のマグネットタイプのホルダーを使い冷蔵庫に貼りつけて。

ポリ袋
na_o_na_o_21

包丁ホルダーにワイヤークリップを引っ掛け、袋を挟んでポリ袋入れに。右側のカップには一度使って汚れたポリ袋を。後でこれに生ゴミを入れて処分する。

ゴミ袋
na_o_na_o_21

取り替えがラクなように、ゴミ箱のすぐ上にゴミ袋を置いて。ゴミ箱はニトリの物。ペダル式で手が汚れているときなども、手を触れずに開けられるので衛生的。

保存袋、保存容器の収納

保存袋
tiptiptip__

コンロ下の扉に、強力両面テープでファイルボックスを取りつけて。サランラップなどもここに収納。

保存袋
saori.612

ファイルボックスにポケットを設置。左は未使用、右は使用済みの保存袋。何度か洗って繰り返し使う。シンク下の扉を開けたとき、上からすっと取り出せる。

タッパー、保存容器
interior_satochan

タッパー、保存容器は、容器部分と蓋にそれぞれ分けて収納。大きさをそろえて購入するのも、収納スペースをとらないポイント。

タッパー、保存容器
na_o_na_o_21

シンク下。取り出しやすい場所にタッパーと保存容器をまとめて。まとめておくと引き出せるので、奥までムダなく使い切ることができる。

84

space_ キッチン

シェルフをプラスして収納力アップ

lum.lum.chan

ニトリのウッドシェルフに炊飯器、ケトル、食料品などを入れて。真ん中は食器。クロスをかぶせて埃防止。

namytone

無印良品のステンレスユニットシェルフ。米びつや炊飯器などを入れて。下から2段目にある炊飯器はバルミューダ。

interior_satochan

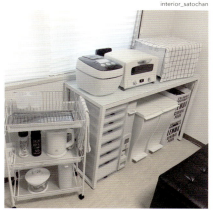

ニトリのスリムデスクをキッチン収納として。引き出しケースには保存食を。左のワゴンはイケアの物。上段に水切りカゴを置いて。

na_o_na_o_21

キッチンが狭くて場所がないため、リビングに面した場所に食器棚、電子レンジ、トースターを置いて。電子レンジは白色でシンプルなので、リビングの景色に溶け込んでいる。

85

冷蔵庫の収納方法

saori.612

調味料はそれぞれケースに入れ替えて、取り出しやすく。左上のポケットは、iwakiのふりかけボトルにゴマなどを詰め替えて。

セリアの薬味チューブホルダー。ドアポケットにつけられる人気商品。

na_o_na_o_21

ayumi._.201

ひとり暮らし用の小さめ冷蔵庫。上段はお米収納。ケースで仕切って、空間を有効活用。

4段目の引き出しにはコンソメやゴマなど調味料を収納。詰め替えてラベルを貼っています。ドアポケットにクリップでとめているのは、飲み忘れ防止の薬。

86

space_ キッチン

...... column ......

つくりおきに欠かせない保存容器の話

　つくりおき生活に保存容器は欠かせません。
　保存容器には、主に琺瑯容器、電子レンジ対応のプラスチック容器、ガラス容器があります。
　いろいろあって、使い分けがよくわからない…という人もいるのでは？
　そこで、容器別にそれぞれの特徴をまとめました。

	琺瑯	プラスチック	ガラス
特徴	白い清潔感のあるデザイン。菌が繁殖しにくく、熱に強い。オーブンや直火にかけられるので、調理器具としても使える。	半透明で中身が見える。軽い。サイズバリエーションが豊富。小分けにして必要なぶんだけ冷凍したり、あたためたりするのに便利。	透明なので一目で中身がわかる。オーブン調理OK。直火はNG。調理器具としても食器としても使える。
色・臭い移りが気にならない	○	×	○
電子レンジ対応	×	○	（耐熱性の物なら）○
冷凍対応	○	○	（耐熱性の物なら）○
煮沸消毒	○	（耐熱温度を要確認）	○
スタッキング	（蓋をすれば）○	（蓋をすれば）○	（蓋をすれば）○
主なブランド	野田琺瑯 無印良品	ジップロック 無印良品 100円ショップ	WECK iwaki KINTO

小さくてもテーブルを置けたら…

Dining

ダイニングスペース

やっぱり、食事とくつろぐ場所は別にしたい…。そこで、「小さなテーブル」を部屋の隅に置けば、立派なダイニングスペースに。食事だけでなく、テレビを見たり、書き物をしたり、お茶を飲んだり、特別な場所に。みんなの手料理も一挙公開。

ダイニングテーブルの置き方

chiikoko57

saori.612

chiikoko57

1Kの片隅に、小さなテーブルを置いて。右の棚がキッチンとの仕切りに。

saori.612

小さめダイニングテーブルを広く使うために、ティッシュはテーブル側面に。100円ショップのティッシュホルダーをマスキングテープと粘着マジックテープで固定。

space_ ダイニングスペース

miyo_344

kumeemee

アーコール社のアンティークのエックスバックチェア。テーブルはモモ ナチュラル。どちらも木のあたたかみを感じられるスッキリしたデザイン。

テーブルはマムの物。正方形で置き場を選ばず、お気に入り。椅子はイームズ。ソファは置かず、ここで本を読んだり、くつろいだりする。

eiriyyy_interior

北欧アルテック社のピルッカテーブルとチェア。圧倒的な存在感で、眺めているだけで幸せ。あえて大きなテーブルを置き、部屋のフォーカルポイントに。

| それぞれの家ごはん | 日々の食卓を紹介。狭いキッチンでも料理を楽しんで。 |

朝ごはん

cafe202_home

shoko（nekokoko___）

tiptiptip__

t0146_2

lum.lum.chan

naa9290

sawa_dan

chiikoko57

space_ ダイニングスペース

それぞれの家ごはん

お弁当

da.monde.dara

miccasroom

shoko（nekokoko___）

lum.lum.chan

kumeemee

a_home77

それぞれの家ごはん

つくりおき

shoko（nekokoko___）

miyo_344

t0146_2

床には物を置かないで広々と

Living

リビング

一番いる場所だから、リラックスできて居心地のよい空間にしたい。
できるだけ家具を置かない。壁につける。床を広く見せて開放感を感じられるようにしたり、棚にも机にもなるような多用途に使いまわせる家具を使ったり…。
空間づくりの工夫がいろいろ。

ソファのあるリビング

namytone

ソファを仕切りにしてラグを敷き、リビングスペースに。ソファはリセノ（Re:CENO）で購入。バンビのスツールをサイドテーブル代わりに。

t0146_2

ソファは壁際に置き、床を広々と。壁の洋なしの絵は、ダーリン・クレメンタインのポスター。カーテンレールに掛かっているのはコットンボールライト。

92

space_ リビング

札幌在住。冬にはこたつと座椅子を出して。コンパクトなソファはニトリの物。ソファの後ろ側にベッドが。

1Kのリビングスペース。テレビは端に寄せて。ソファはニトリの物。写真では見えないが、手前にはベッドが。

ガラスの天板のローテーブルでスッキリと。透明なので圧迫感がない。

レザーのソファが主役のリビング。ソファは手づくり。ダイニングテーブルがないので、このテーブルで食事も。

ソファがないリビング

lum.lum.chan

1Kのリビングスペース。雲形テーブルはニトリの物。カーブがあり、食事もしやすい。

ayumi._.201

座布団でくつろぐスタイル。テレビの上に飾ってあるファブリックパネルは、キット（布パネ）で手づくりした物。

miki__house_

右側のビーズクッションは無印良品の体にフィットするソファ。場所をとらず、でもくつろげる。カバーは楽天で別途購入。左側のビーズクッションは楽天の物。

94

space_ リビング

ごく小さい空間でもくつろげるリビングに

chikoko57 ● ひとり暮らし、1K

1Kの窓際に、小さなソファを置いて。大切なくつろぎスペース。夜には、本棚の上のライトを灯して、カフェ風の落ち着く場所に。テレビは断捨離しました。

リビング空間を部屋側から眺めたところ。手前にはベッドを置き、ソファの背を仕切りに。マスキングテープで格子状の窓を手づくり。観葉植物が置いてあるキャビネットは楽天で購入。

ソファで朝食を。日の光を感じながら、食事をとるのが好き。

アラジンのストーブがアクセント

sawa_dan　●　ひとり暮らし、2DK

存在感があって、おしゃれなアラジンの石油ストーブ。DEAN&DELUCAのケトルを置いて。加湿にもなり、とてもあたたかい。

ローテーブルの中には、100円ショップのケースを並べて収納代わりに。リモコンやソファでゴロゴロしながらできるケアグッズなどを入れて。一番手前にあるのは蓋をしたゴミ箱。

朝の紅茶のひととき。白いサイドテーブルはイケア。グレーの丸いクッションは、モロッコのプフ。置いておくだけでかわいいけれど、オットマン(足乗せ用ソファ)代わりにも。

space_ リビング

テレビもない部屋だから自由に過ごせる

minimamist_58 ● ひとり暮らし、1R

ミニマリストを目指し、断捨離を繰り返して。1Rの部屋にはほとんど物がない。でも、だからこそくつろげる。ソファの代わりにビンテージの低めの椅子を。赤い色がアクセント。

持たない暮らしの中で、お花だけは持っていいというマイルール。生花で楽しみ、最後はドライフラワーに。

テレビは持たず、プロジェクターでホームシアター。何もない部屋だから、壁全面をスクリーンにできる。細長いテーブルは棚としても使用。

スタッキングシェルフで模様替え

saori.612 ● 2人暮らし、2DK

ソファは置かず、ラグでくつろぐスタイル。無印良品のスタッキングシェルフに細々した物を収納。テレビ台の下にあるカゴは市場カゴ。

テレビ台にしていた棚はテーブルにも。南部鉄器の鉄瓶でお茶を入れてティータイム。

上下、シェルフを模様替え。

space_ リビング

テレビボードいろいろ

miccasroom

伸縮式のテレビボード。ウォールナット材でインテリアとしてもおしゃれ。ボード下のカゴの中には、配線コードをまとめて。

コーナーで使用。中は大きな引き出しに。

t0146_2

足のあるボードでスッキリと。テレビを片側に寄せ、空いたところにドライフラワーを飾って。

shoko（nekokoko＿＿）

収納なしのボードを探し、オーダーメイドで。下が空いていると掃除がしやすい。

テレビボード内の収納

無印良品のスタッキングキャビネットをテレビボードに。日用品はほぼここに収納。中はケースで区切り、裁縫道具や文房具、化粧品などをまとめて。

両サイドに引き出しのあるタイプ。左側にはコード類、右側にはポーチなどをざっくり収納。

無印良品のスタッキングキャビネット。上段にはセリアのスクエアボックスにネイルなどを入れて。下段は本棚代わりにマンガを収納。

space_ リビング

書斎スペース

狭くても居心地のよい書斎空間はつくれる。
たとえば、部屋と一続きだとしても、前面に壁を設けるだけで視線がさえぎられ、作業に集中できるように。奥行きの狭い小サイズの机や椅子を選べば、さほど圧迫感を感じません。
ちょっと切り替えて集中したいときなど、書斎があると便利。

and more!

cafe202_home

和室の片隅に小さいデスクのパソコンコーナー。デスクは古い机をもらってきてリメイクした物。

sawa_dan

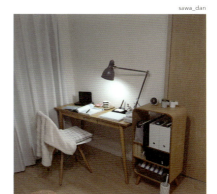

ネット通販で購入したデスクと棚。ここで毎晩、資格の勉強をしています。

saori.612

リビングの隅にパソコンデスクを。奥行きが浅めで場所をとらない。

miyo_344

キッチンのすぐ横に、ニトリのシステムデスク。棚が一緒についており、幅があるものの、白色で壁と同化しているので、あまり大きさを感じない。

リビングの一角でも溶け込んで

Bed room

ベッドスペース

1日の疲れをしっかり取りたい場所だから、寝心地を最優先に。落ち着いて眠れる空間を確保したい…。
そこで、小さいサイズのベッドを選んだり、使っていない間はしまえる布団にしたり。毎晩、直接肌に触れる物だから、寝具は清潔に保って。

ベッド、マットレス派

miii2_room

ベッドは窓際、日の当たるよい場所に。リネンは白系なので、ワンルームの中でも圧迫感がない。アイボリーのカーテンはウニコ。

kumeemee

ベッドは壁際に。ベッドサイドのチェストは北欧ビンテージ。引き出しとラックがあり、ベッドより低い高さが使いやすい。

102

space_ ベッドスペース

na_o_na_o_21

lum.lum.chan

ニトリの棚つきベッド。無印良品のアロマディフューザーをライトとして。

分離式ベッド。引っ越しや模様替えもラク。プランタースタンドをサイドテーブル代わりに。

t0146_2

minimamist_58

ベッドは壁際に。チェックの枕＆布団カバーはニトリ。枕元にライトを置いて。

ベッドの代わりにマットレスを直に敷いて。その日の気分で、部屋の好きな場所に敷けるのがお気に入り。

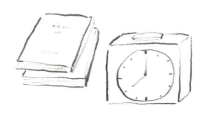

普段は部屋の隅に立て掛けて。リネンが白なので、うるさくない。

103

ふとん派

saori.612

畳んでしまえば部屋を広く使えるので、ベッドではなく布団派。ミニマリスト御用達のエアリーマットレス（アイリスオーヤマ）を敷き布団代わりに。厚さ5cmの物を2枚重ねにして使用。来客時は1枚を貸し出し。

miki__house_

クローゼットにしまう派。収納ケースの上に置いて、出し入れしやすく。通気性もよい。

普段押入れには入れず、朝起きたら持ち上げてそのまま壁に立て掛け。薄いので邪魔にならない。

space_ ベッドスペース

掛け布団、マットを干す

乾燥機で — ayumi._.201

外干しの代わりに、レイコップのふとんクリーナーをかけて。意外にコンパクト。

t0146_2

出張前は帰宅後の快適さを考え、布団乾燥機をかけて家を出る。帰ってくるとふかふかに。本体を差し込むホースなしタイプだと省スペース。

外干し、室内干し — shoko（nekokoko___）

お日様のにおいが好きで、外干し派。週末には必ずリネン類を洗い、布団や枕まで全部干す。毎週のルーティンとして組み込んで。

a_home77

5kgまで耐えられる壁のフックに細い紐をつけ、毎朝そこに掛け布団を吊るして。

マット — minimamist_58

床に直置きのマットレスは、掃除や洗濯のたびに窓を開けて立て掛けて。寝具をこまめに洗うことでカビ防止。

pom_____na

ベッド＋マットレス。マットレスは掃除の間だけは立て掛けて通気。ベッドはニトリのネット限定の物。

105

ベッド下収納

tiptiptip__

元はクローゼットにあった、無印良品の衣装ケースを4つ並べて。中が見えないように、引き出し前面に白い画用紙で目隠し。ベッドも無印良品の物。

tomoko_13

リネン類の替えを収納。部屋の雰囲気替えとして、色違いをそろえて。掛け布団は羽毛布団1枚で、季節による入れ替えはなし。エアコンで調整。

寝具の夏冬支度

shoko（nekokoko___）

布団は年中通して同じ物を使用。冬は毛布＋フワフワの敷きパッド＋小さめ湯たんぽであたたかく。布団も湯たんぽも無印良品の物。

saori.612

夏にはニトリのNクール（冷感敷きパッド）をマットレスと枕に敷いて。枕が涼しいのも寝心地に影響大。

季節に合った敷きパッドの選び方

蒸し暑い夏の夜や、冷えきった冬のシーツ…。できることなら不快感なく、安眠したいものです。
そんなときおすすめなのが、敷きパッド。カバーやシーツの上に敷いて使います。気軽に取りはずしてこまめに洗濯できるのもいいところ。
汗や汚れをしっかり吸収してくれるので、マットレスを保護する効果もあります。
素材を季節に応じて変えることで、夏はひんやり、冬は暖かく、1年を通じて快適に眠ることができます。

	夏	冬
ポイント1	［吸湿＆速乾］ 寝ている間の汗をよく吸い取ってくれるもの、洗濯しても乾きやすい薄手の物が◎。	［起毛した温かい肌触り］ マイクロファイバー、アクリルなど。肌触りが滑らかで保温性がある。こまめに洗濯して清潔に保つことが大事。
ポイント2	［接触冷感］ 肌に触れる表地に、さらりとした肌触りの接触冷感生地を使用。寝返りのたびに心地よいひんやり感が伝わる。	［吸湿＆発熱］ 汗などの水分を吸収して発熱する、吸湿発熱繊維を使用。ふとんの中をあたたかく保つ。
ポイント3	［消臭機能］ 汗を多くかく時期なので、汗臭の原因となる成分を消臭する機能を持つ素材だとよい。	［遠赤外線］ 人の体に吸収されて熱に変わる。体の表面からではなく、内側からじわじわと温まる。

吊るしてそろえて隅々まで使い切る

Closet

クローゼット

衣類や鞄など物があふれがちな場所。物の数を最小限に減らしたり、収納グッズを使って収納量を増やしたり。パンパンに詰まりすぎない状態を目指して。物の置き場所が決まった、使い勝手のよい収納が理想的。

洋服収納の5ポイント

tomoko_13

1Kのクローゼット。ハンガーは無印良品でそろえて。吊るす収納にはバッグを。コートなど、かさばる季節外の衣類は、minikuraのクリーニング＆保管サービスを利用して省スペース化。

クローゼットを機能的に使う工夫
1. ハンガーパイプの下には引き出しケースを
2. 中が見えないように、引き出しに目隠し
3. 吊るせる収納を使う
4. ハンガーをそろえる
5. 手の届きにくい上段には、シーズンオフの物などをケースにまとめて

space_ クローゼット

namytone

eiriyyy_interior

無印良品のケースには、季節外の洋服やバッグ、趣味の登山用グッズなどを入れて。シャツコーデが多いため、洋服はほとんどハンガーに掛けて。右側のボトムスが掛かっているのは、ニトリの「すべりにくいスラックスハンガー」。

ウォークインクローゼット。衣装ケースは、浅・深サイズを組み合わせ、下着やTシャツ類を畳んで収納。

miki__house_

na_o_na_o_21

ポールの真ん中にS字フックを掛けて、自分と夫の洋服の境界線に。それ以上にならないよう、洋服の量をいつも意識して。

左側はトップス。ハンガーはニトリの物でそろえて。右側はスカートで、300円ショップ（スリーコインズ）のハンガー。上の棚のボックスには冬用のコートを収納。

109

取り出しやすく、しまいやすい工夫

eiriyyy_interior

子どもの衣類収納。外から目立たないよう、引き出しの内側部分にマスキングテープでラベリング。

sawa_dan

大きめのケースに、同じジャンルの物をまとめて収納。ラベルがあればすぐに探せる。

miii2_room

明日着ていく服を掛ける場所をつくっておくと、朝バタバタせずに済む。今日着た服を干しておくのにも。

misat_s

年数回しか着ない物には、100円ショップのカバーをつけ、白でスッキリと。ラベルもつけておくと便利。

space_ クローゼット

ハンガーラックを使って

miyo_344

1LDKのリビング一角に衣類収納。無印良品のユニットシェルフは背面も側面もないので、視線が抜けてスッキリ見える。

sawa_dan

シンプルなハンガーラックなので、存在を主張しない。今の季節に着る物だけを掛けて。ほかの季節の服はクローゼットに。

ayumi._.201

スチールラックを身支度場所として、Yシャツやネクタイを。鞄も近くに。

saori.612

押し入れの中にハンガーラックを入れてクローゼット化。プラスチックの衣装ケースが好きではないため、トップスとボトムスは掛ける収納に。

書類や日用品の収納

tomoko_13

玄関脇、キッチン横にあるシェルフ。天井まで最大限スペースを使って。食器や保存食など、キッチンで使う物は下の段に、タオルなどを上の段に。

miyo_344

ダイニングテーブルの横に、本や文房具の置き場所としてシェルフを。座ったままで手が届き、便利。

lum.lum.chan

リビングスペースの隅にある、ニトリのウッドシェルフ。細々とした物はケースにまとめ、積み上げ収納に。

space_ クローゼット

ayumi._.201

押し入れ収納。左の白いボックスはイケアのSKUBB。季節外の布団を収納。形が崩れず、しっかりしまえる。手が届きづらい天袋には、ティッシュのストックやひな壇などを入れて。

miki__house_

ミニクローゼットを使いやすいよう、ユニットシェルフを入れて。上に引き出しケースを並べ、爪切りや薬、乾電池など、子どもに触れられたくない細々した物をまとめて。

namytone

寝室のクローゼット。ばらばらになりがちな取扱説明書や思い出の品などをケースにまとめて。

eiriyyy_interior

無印良品の引き出しケースを並べて、切手やペン、お薬手帳など小物を保管。細かく分類しすぎず、ざっくりまとめるくらいがちょうどいい。

細々した物をスッキリまとめるコツ

sawa_dan

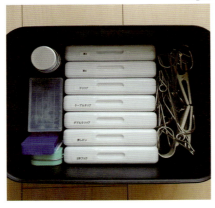

クリップやS字フックなどをそれぞれケースにまとめて。ラベルをつけておくと便利。さらにボックスにひとまとめで保管。ケースに入らないワイヤークリップなどは隙間に。

a_home77

小さい子どもがいると、薬の出番が多い。処方薬は、常備薬とは別にまとめて紙コップで整理。飲み薬は袋から出しておくと取り出しやすい。

t0146_2

ベッドサイドの本収納。カバーを裏返して白地にし、スッキリ見せる。ラベルライターのP-TOUCH CUBE（ブラザー）でラベルをつけて。

a_home77

こたつの収納。立て掛けて倒れないよう、つっぱり棒を渡して。コンパクトなこたつは楽天で購入。脚の部分をDIYして折れるように。

114

space_ クローゼット

and more !

フェローズのバンカーズボックス

シンプルなデザインで他のインテリアになじみやすい収納用品、フェローズバンカーズボックス。ボックスの両サイドには持ち手がついていて、簡単に移動できる。
組立式なので、使用しないときは畳んでスリムに収納できるのも特徴。紙のわりに耐荷重性に優れているのもいいところ。

miccasroom

元々オフィス用なので、丈夫なつくり。無骨さがむしろ見た目にかっこいい。並べて置くだけでインテリアに。

sawa_dan

DIYで底にキャスターをつけて。重い物を入れても、掃除のときラクに動かせる。

tiptiptip__

クローゼットの中で並べて使用。中には、書類や鞄を収納。

洗濯機上の空間利用がカギ

Laundry

ランドリー

空間の半分は洗濯機が占有。収納スペースが狭いので、置けるハンガーやピンチ、洗剤の数にも限界がある。だからこそ、収納はコンパクトに。
洗濯洗剤はこだわりを持って選び、ストックは多く持たないようにしている人が多い。

洗剤やタオルをしまう工夫

shoko（nekokoko___）

玄関を入ったところにある洗濯機置き場。できる限り生活感が出ないよう、白でトーンを統一して。

lum.lum.chan

洗濯機の上につっぱり棒を渡し、ワイヤークリップに洗濯ネットを掛けて取りやすく。洗剤類は上の棚に収納。

saori.612

無印良品の浅型ストッカーを洗濯機横の隙間に。カミソリやドライヤー、シャンプーのストックなどを入れて。

space_ ランドリー

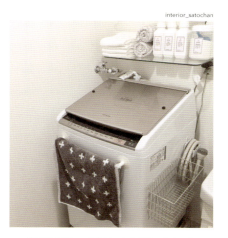

interior_satochan

洗濯機の脇に、洗濯ネットや手洗いしたい物を入れる一時置き場を設置。吸着フックでワイヤーバスケットを掛けて。これまで1つの脱衣カゴにごちゃ混ぜだったのがスッキリ。

cafe202_home

洗濯機上部にDIYで棚を作成。タオルなどを置く場所に。フックに掛けているのは、主に漬け置き用として使っている洗面器。

使いやすいピンチ、ハンガー

shoko（nekokoko___）

ニトリのステンレスハンガー。畳んだとき、絡みにくく、使いやすい。ステンレス製は見た目もおしゃれで、洗濯が楽しくなる。

naa9290

洗濯バサミは容器に1つにまとめて。小物干しサイズのピンチが使える。

機能的な部屋干しスタンド

miccasroom

オアンスの物干しスタンド、クロスドライヤー。大きいのでたくさん干せる。

namytone

スウェーデン、ロレッツ社のドライニングスタンド。干しやすく、収納スペースをとらない。見た目もかわいい。右下のワイヤーの洗濯カゴは無印良品。

miki__house_

つっぱり型物干し。枝の部分に最大で12本のハンガーが掛けられる。高さも自由に変えられる。使っていないときは棒1本の状態になるので、場所も取らずコンパクト。

118

space_ ランドリー

人気の洗濯洗剤

kumeemee

大評判のウタマロ石けん。部分洗いや靴洗いなどに。頑固な汚れが落ちる。リキッドタイプもある。

lum.lum.chan

ウタマロ石けんを使いやすいように、カッターで細かく切って保管。けっこう固いので、電子レンジで少しあたためてから切るのがおすすめ。

t0146_2

エコな洗濯洗剤として評判の、緑の魔女。洗濯機の排水ホース掃除にもなる。

miii2_room

エコなTHEの洗濯洗剤。柔軟剤がいらないので、洗剤の1本化ができ、収納もスッキリ。

煮洗いで消毒

shoko（nekokoko___）

時々寝る前に布巾の煮洗い。普段は熱湯のみ、汚れが強いときは重曹を入れて。取り出した後は洗濯機で洗濯。

t0146_2

野田琺瑯の持ち手つきストッカーに、食器を洗うときに使うクロススポンジを入れて煮洗い。

タオルバーは絶好の収納場所

Bathroom

浴室

体の汚れを洗い流す場所。清潔な状態を維持できるよう、色味を白でそろえてスッキリと。

水垢が発生しやすいので、極力、物を直置きしないように。タオルバーを棚代わりに使ったり、掃除道具を吊るしたり、空間を有効活用。

白で統一してスッキリと

miki__house_

シャンプー類は透明のボトルに詰め替えて。ボディタオルや泡立てネットも白に。水切りもかねてワイヤークリップに挟んで。

ayumi._.201

白の中に、クレンジング（RAFRA）のオレンジ色が映えてかわいい。洗面器とスポンジを両方とめているのは、風呂イスフック（タカラスタンダード。楽天で購入）の物。

tiptiptip__

前面のライン部分が透けて、中身が見えるシャンプーボトル。見た目もおしゃれ。

120

space_ 浴室

タオルバーを棚代わりに

namytone

タオルバーに洗面器を置いて。掃除道具をS字フックで吊り下げて。

saori.612

ニトリのタオルバーは吸盤をカチッとロックするので強力。両サイドにスポンジや洗顔ネットを引っ掛け、バスグッズはすべてここにまとめて。

minimamist_58

セリアのワイヤーバスケットを掛け、ケアグッズ入れに。シャンプーはボタニスト。

miki__house_

シャンプーボトルにセリアのステンレスボトルハンギングフックをつけ、吊るして。吊るしたままポンプを押すのは不可なので、外して使う。

121

ユニットバスの壁はマグネットが使える

namytone

マグネットタイプのシャンプーを置く棚は、山崎実業のタワーシリーズ。ユニットバスの壁は鋼板でできていて、磁石がつく。シャンプーはスーパーフードラボ。

chiikoko57

コームにマグネットをつけて、壁面に。青い丸い物はシャンプーブラシ。シャンプーラックはニトリのマグネットタイプ。

水垢、カビ対策

cafe202_home

入浴後は椅子を浴槽の脇に引っ掛けて上げ、床を乾燥させて。

misat_s

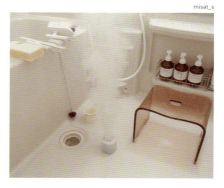

おふろの防カビくん煙剤（ライオン）で黒カビ防止。水を入れてポンと置くだけ。

space_ 洗面所

細々した物は表に出さない

Wash room

洗面所

歯磨きセット、洗顔アイテムなど細々した物が集まる場所。
忙しい朝、物を探さなくてもいいように、物の置き場所を決めておくとラク。
毎日使う場所だから汚れやすく、清潔にしておきたい。掃除のしやすさを考えて、できる限り物を表に出さないように、収納扉の中にしまって。

洗面台周りをおしゃれに

naa9290

くすんだ色味で統一。綿棒、洗顔料は透明な瓶に入れて。歯磨き用のコップは、吸盤で壁面に取りつけられるニトリの物。

miyo_344

洗面周りに置く物は最小限に絞って。歯ブラシは100円ショップの吸盤タイプのホルダーに。

cafe202_home

賃貸住宅の洗面台をDIYで。ベニヤの上にタイルを貼り、壁と接する部分はマスキングテープで保護。原状回復できるように工夫。

白で統一がベスト

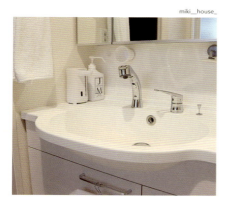

miki__house_

ジェームズ マーティンのハンドソープと、サラヤのソープディスペンサー。どちらも白で目立たない。タオルも白で。歯ブラシや歯磨き粉などは鏡裏にしまって。

miii2_room

歯ブラシとコップは歯ブラシホルダーに掛けて。どちらも透明で白以上にシンプル。

t0146_2

白い歯磨き粉は無印良品の物。ドライヤーも白にして。上の収納棚も白のファイルボックスを並べ、全体を白化。

sawa_dan

フェイクグリーンはダイソー。小さな鏡はイケアの物。

124

space_ 洗面所

鏡裏の収納

miki__house_

上段にハンドタオルを立てて収納。つっぱり棒で支えて。中段にはメイク道具を取り出しやすく並べて。

tiptiptip__

最低限の歯磨き用品やヘアケア用品を収納。色味も極力統一。

miii2_room

歯磨き粉や使い捨てコンタクト、メイク道具などを。中段の黒い箱は無印良品のナイロンメイクボックス。洗面所でメイクするのが寒い季節は、そのまま持ってリビングに。

125

ドライヤーやブラシの収納

lum.lum.chan

miyo_344

ドライヤーとブラシはすぐに取り出せるよう、カゴにセットで入れて吊るして。使う物はしまわず外に出しておく派。

洗面台の脇に吸盤フックをつけ、吊り下げたエコバッグにドライヤーを。収納の少なさを補うアイデア。

namytone

メイクのときに使いたいティッシュ。洗面台の横に置いておくと便利。ティッシュケースは無印良品の物。

126

space_ 洗面所

洗面台下の収納

miki__house_

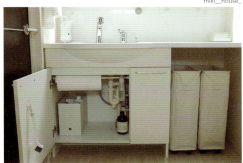

左のファイルボックスには洗剤のストックが。洗濯洗剤を液体から柔軟剤入りジェルボールに変えてから、ストックが減り管理がラクに。右はニトリのランドリーバスケットを2つ並べて。

tiptiptip__

真ん中のバケツは部屋の掃除用具入れ。ガラスの瓶には洗濯バサミを。左右のファイルボックスには洗剤類が。

misat_s

100円ショップのケースに、色味の多い洗剤類を入れて隠して。洗面台の左側には体重計、右側にはピンチハンガーを壁に掛けて。

lum.lum.chan

ヘアスプレーや洗剤などを、それぞれメイクボックスやワイヤーバスケットでまとめて。昔ながらの青箱の牛乳石鹸はボディソープ代わりに。

Restroom

ストックは最小限に

トイレ

cafe202_home

タンクありトイレをタンクレストイレ風にDIY。手洗いカウンターにはグリーンも飾れてお気に入り。

スペースに限りがあるので、トイレットペーパーなどのストック、掃除道具や、スリッパやマットなどのグッズは必要最低限に。
収納がない場合は、新たに棚をつくるなど工夫してみても。

床には何も敷かない

minimamist_58

トイレは清潔感第一で考え、シンプルに。トイレブラシは、流せるシャット。トイレスリッパにはバブーシュを。隅にドライフラワーを飾って。

namytone

捨てられなかったマットなどを、やっと処分。一気にスッキリした空間に。トイレブラシは無印良品の物。

space_ トイレ

収納棚の中をスッキリ整理

misat_s

サイズピッタリの白いボックスを並べて、棚の中をムダなくスッキリ使用。壁につける棚に置いた瓶はイソップの消臭芳香剤。

miki__house_

消臭スプレーやシャットの替えなど、かさばる物は縦長のケースに入れて。床などの拭き掃除はジェームズ マーティンのアルコール製剤1本で。

DIYのペーパーホルダーが便利

収納ゼロのトイレに棚をつけて

interior_satochan

収納ゼロのトイレ。トイレットペーパーの上に棚をDIYして取りつけ。板にリメイクシートを貼りつけただけ。携帯などの一時置き場があると便利。

saori.612

無印良品の棚を取りつけて。トイレットペーパーは3倍巻きロール。ストックが少なくて済む。フレグランスとしてハッカ油を。ペーパーの側面に数滴垂らすだけで、香りが長持ち。

グッズの力で収納力をアップ

Entrance

玄関

kumeemee

玄関扉を開けたら、一番最初に目に入る場所。ここがきれいだと、帰ってきたときホッとできる。
今使う必要のない物は見えないように収納扉の中にしまって。
出掛けるときにバタつかないように。物の置き場所を事前に決めて、取り出しやすく。

大好きなムーミンの原画ポスターやミナペルホネンのショップカードをフレームに入れて。アナベル（あじさい）のドライフラワーも。

靴はしまって何も置かない

sawa_dan

靴は今日履いた物以外、すべてしまう。玄関の掃除は2週に1回ペース。ダイソーの「虫寄せつけないシート」でたたきを拭く。

namytone

帰宅してドアを開けたとき、玄関がスッキリしていると気持ちがいい。

space_ 玄関

傘や小物は壁や玄関ドアにくっつけて

miyo_344

無印良品の、壁につけられるフックに傘を掛けて。傘立てを撤去してスッキリ。傘は人数分、最小限に。玄関掃除はほうきで。昔ながらのほうきは、置いておくだけで味に。

miyo_344

冬場、置き場所に困りがちな手袋は、マグネットフックで玄関ドアに掛けて。出掛けるときに忘れずに済む。

tiptiptip__

傘はマグネットホルダーで玄関ドアに収納。右側の壁にはフックが3本ついており、コート掛けとして使用。

lum.lum.chan

傘立ては、場所を取らない幅のない物に。玄関ドアにつけたチリトリとほうきは、どちらもセリアで購入。

靴収納の工夫

shoko（nekokoko＿＿）

備えつけの靴収納がなく、省スペースなシューズラックを置いて。持っている靴はこれだけ。お気に入りの靴ばかりで、こまめに手入れもしているので、全部見えていてもスッキリ。

miccasroom

汚れと湿気防止のために新聞紙を敷いて。英字新聞だとおしゃれに。収納の扉はいつも開け放し、湿気がこもらないように配慮。

kumeemee

スペースをとるブーツは、あえて外に出したまま、2段のラックに並べて。ラックは寝室でサイドテーブル代わりに使っていた物。

tomoko_13

靴ホルダーで、空間をくまなく使い収納。実感として、3倍は収納力が上がる。

space_ 玄関

靴収納アイテムいろいろ

定番アイテム
いずれも、1足の靴を2段にして収納できる。
収納スペースが半分になる。
収まりきらない靴もしまえる。
買える場所は、100円ショップなど。

ダブルタイプ
1足を横並びに

シングルタイプ
1足を上下に

収納アイテムは他にもいろいろ

ワイヤーネット。ショップ風

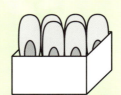
箱に立てて入れる

コの字ラック

シューズハンガー

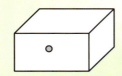
前が開くタイプのシューズケース

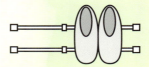
つっぱり棒を2本渡して棚代わりに

profile

namytone
ひとり暮らし、九州在住、公務員（30代）
住まい	1LDK（41㎡）
Instagram	https://www.instagram.com/namytone/
楽天ROOM	https://room.rakuten.co.jp/room_0dc0e7c652/items/
ひとこと	ご機嫌はマナー。スッキリ、ゆっくりな働き女子の暮らしぶり。「あした引っ越せる部屋」というこだわりを持って。

miii2_room
ひとり暮らし、千葉在住、会社員（30代）
住まい	1K（28㎡）
Instagram	https://www.instagram.com/miii2_room/?hl=ja
楽天ROOM	https://room.rakuten.co.jp/room_6b4eced64b/
ひとこと	「スッキリ暮らす」がテーマ。くつろげる空間づくりを心がけています。

saori.612
2人暮らし、埼玉在住、会社員（20代）
住まい	2DK（38㎡）
Instagram	https://www.instagram.com/saori.612/?hl=ja
楽天ROOM	https://room.rakuten.co.jp/room_a8f922106e/items
ひとこと	少ない物でラクに暮らす方法を日々研究中。

miki__house_
4人暮らし（夫婦、息子：5歳、娘：2歳）、関西在住、主婦（30代）
住まい	2LDK（65㎡）
Instagram	https://www.instagram.com/miki__house_/?hl=ja
楽天ROOM	https://room.rakuten.co.jp/room_9362d5b532/items/
ひとこと	狭くてもほんの少し模様替えをしてみたり、日々楽しみながら過ごしています。子どもの成長に合わせ、大人も子どもも快適に過ごせるおうちづくりを日々模索中です。

minimamist_58
ひとり暮らし、東京在住、接客業（20代）
住まい	1R（33㎡）
Instagram	https://www.instagram.com/minimamist_58/?hl=ja
楽天ROOM	https://room.rakuten.co.jp/room_0721f83e31/
ひとこと	狭い部屋でお気に入りに囲まれて暮らしています。

cafe202_home
2人暮らし、福岡在住、フルタイム勤務（40代）
住まい	2LDK（59㎡）
Instagram	https://www.instagram.com/cafe202_home/
ひとこと	賃貸でもできる範囲でDIYを楽しみながらカフェのような雰囲気づくりを目指しています。

na_o_na_o_21
ひとり暮らし、札幌在住、会社員（30代）
住まい	1LDK（31㎡）
Instagram	https://www.instagram.com/na_o_na_o_21/
ひとこと	好きなもの・必要なものだけに囲まれてスッキリ暮らすことを目標に。

sawa_dan
ひとり暮らし、会社員
住まい	2DK
Instagram	https://www.instagram.com/sawa_dan/
ひとこと	ラクしてきれいな部屋を保つ方法を日々模索しています。

eiriyyy_interior
3人暮らし（夫婦、娘：2歳）、東京在住、会社員（30代）
住まい	1LDK+WIC（52㎡）
Instagram	https://www.instagram.com/eiriyyy_interior/
	https://www.instagram.com/eiriyyy_interiorservice/（整理収納サービスアカウント）
ブログ	http://plaza.rakuten.co.jp/eiriyyy/
ひとこと	整理収納アドバイザーの資格保持。狭いながらもリノベーションのおかげで快適に暮らしています。

kumeemee
ひとり暮らし、会社員
住まい	2LDK（56㎡）
Instagram	https://www.instagram.com/kumeemee/?hl=ja
楽天ROOM	https://room.rakuten.co.jp/room_9228db7978/
ひとこと	限られたスペースなので、なるべくコンパクトサイズの家具を選んでいます。そして全体的にごちゃつかないように気をつけています。

chiikoko57

ひとり暮らし、関東在住
住まい　1K（25㎡）
Instagram　https://www.instagram.com/chiikoko57/?hl=ja/
ひとこと　よくある縦長の部屋なので、いかにして空間を活かしてインテリアで遊べるか試行錯誤しています。

lum.lum.chan

ひとり暮らし、中部在住、会社員（20代）
住まい　1K（28㎡）
Instagram　https://www.instagram.com/lum.lum.chan/?hl=ja/
ひとこと　背伸びしない身の丈に合った生活をシンプルに毎日楽しく過ごしています。

miyo_344

2人暮らし、東京在住、医療事務パート（30代）
住まい　1LDK（43㎡）
Instagram　https://www.instagram.com/miyo_344/
ひとこと　インテリアコーディネーター、整理収納アドバイザー1級取得。狭さを感じないように、家具の置き方や収納動線を考えて、スッキリしたインテリアを楽しんでいます。広い家にも憧れるけれど、今はこのコンパクトな家が居心地が良くて気に入っています。

a_home77

3人暮らし（夫婦、娘）、中部在住、パートタイム（20代）
住まい　2LDK（62.5㎡）
Instagram　https://www.instagram.com/a_home77/
楽天ROOM　https://room.rakuten.co.jp/room_e8a83eb774/items/
ひとこと　父が設計、建築士なので小さい頃からインテリアやDIYが大好きです。スッキリ生活しやすい暮らしを目指して日々努力しつつ、のんびり暮らしています。

interior_satochan

2人暮らし、関西在住、主婦（30代）
住まい　3DK（50㎡）
Instagram　https://www.instagram.com/interior_satochan/
楽天ROOM　https://room.rakuten.co.jp/ss.com/items/
ひとこと　古くて狭くてもスッキリ使いやすく、いつでもお友達が呼べる素敵なお家づくりを目指しています。

miccasroom

ひとり暮らし、静岡在住、会社員（40代）
住まい　2DK（38.5㎡）
Instagram　https://www.instagram.com/miccasroom/
楽天ROOM　https://room.rakuten.co.jp/room_f67e829538/items/
ひとこと　自分にとって面倒くさくないスッキリした暮らしを送るのが理想です。

pom_____na

ひとり暮らし、四国在住、音楽教育関係（20代）
住まい　1K（36.8㎡）
Instagram　https://www.instagram.com/pom_____na/
ひとこと　お気に入りの物に囲まれた、心にゆとりある暮らしに憧れています。

tiptiptip__

ひとり暮らし、札幌在住、会社員（20代）
住まい　1R（30㎡）
Instagram　https://www.instagram.com/tiptiptip__/
楽天ROOM　https://room.rakuten.co.jp/room_e18d8971b4/
ひとこと　物を持ちすぎない暮らしを心がけています。

t0146_2

ひとりと兎1匹暮らし、札幌在住、会社員（20代）
住まい　1LDK（35㎡）
Instagram　https://www.instagram.com/t0146_2/
楽天ROOM　https://room.rakuten.co.jp/cichico/items/
ひとこと　頭の中で管理できる物だけを持って、スッキリ落ち着く部屋を模索中。

tomoko_13

ひとり暮らし、東京在住、会社員（30代）
住まい　1R（21㎡）
Instagram　https://www.instagram.com/tomoko_13/
ひとこと　「少なく、豊かに、機嫌よく暮らしたいな」と日々考えています。

装幀・本文デザイン	齋藤 知恵子（sacco）
イラスト	山﨑 美帆 （P1, P3, P9, P10, P14, P18, P22, P26, P67, P68, P89, P92, P93, P102, P103, P107, P108, P109）

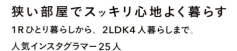

狭い部屋でスッキリ心地よく暮らす
1Rひとり暮らしから、2LDK4人暮らしまで。
人気インスタグラマー25人

2018年7月24日 第1刷発行
2018年8月 5日 第2刷発行

編　者	すばる舎編集部
発行者	徳留 慶太郎
発行所	株式会社すばる舎 〒170-0013 東京都豊島区東池袋3-9-7 東池袋織本ビル TEL　03-3981-8651 （代表）03-3981-0767（営業部直通） FAX　03-3981-8638 URL　http://www.subarusya.jp/ 振替　00140-7-116563
印刷	シナノ印刷株式会社

落丁・乱丁本はお取り替えいたします
©Subarusya 2018 Printed in Japan
ISBN978-4-7991-0723-2